www.kidkiddos.com
Copyright©2015 by S.A.Publishing ©2017 by KidKiddos Books Ltd.
support@kidkiddos.com

All rights reserved. No part of this book may be reproduced in any form or by any electronic or mechanical means, including information storage and retrieval systems, without written permission from the publisher or author, except in the case of a reviewer, who may quote brief passages embodied in critical articles or in a review. *Tous droits réservés. Aucune reproduction de cet ouvrage, même partielle, quelque soit le procédé, impression, photocopie, microfilm ou autre, n'est autorisée sans la permission écrite de l'éditeur.*

Second edition, 2019

Translated from English by Sarah Dugloud
Traduit de l'Anglais par Sarah Dugloud

Library and Archives Canada Cataloguing in Publication
I Love to Share (French English Bilingual Edition)/ Shelley Admont
ISBN: 978-1-5259-1678-6 paperback
ISBN: 978-1-77268-579-4 hardcover
ISBN: 978-1-77268-233-5 eBook

Please note that the French and English versions of the story have been written to be as close as possible. However, in some cases they differ in order to accommodate nuances and fluidity of each language.

Pour ceux que j'aime le plus-S.A.
For those I love the most-S.A.

– Regardez combien j'ai de nouveaux jouets, dit Jimmy le petit lapin, en regardant tout autour de lui.

"Look at how many new toys I have," said Jimmy the little bunny, looking around the room.

Sa fête d'anniversaire était finie et la chambre était pleine de cadeaux.

His birthday party was over and the room was full of presents.

– Oh, ta fête d'anniversaire était tellement amusante, Jimmy, dit son frère cadet.

"Oh, your birthday party was so fun, Jimmy," his middle brother said.

– Jouons, dit l'aîné en prenant la plus grande boîte. Il y a un immense train à l'intérieur !

"Let's play," said his oldest brother. He took the largest box. "There's a huge train inside!"

Soudain, Jimmy se leva d'un bond et attrapa la boîte. – N'y touche pas ! C'est mon train ! cria-t-il. Tous ces cadeaux sont À MOI !

Suddenly, Jimmy jumped to his feet and grabbed the box. "Don't touch it! It's my train!" he cried. "All these presents are **MINE!**"

– Mais, Jimmy, dit le frère aîné, nous jouons toujours ensemble. Qu'est-ce qui t'arrive aujourd'hui ?

"But, Jimmy," said the oldest brother, "we always play together. What happened to you today?"

– Aujourd'hui, c'est MON anniversaire. Et ce sont MES jouets, cria Jimmy.

"Today is MY birthday. And these are MY toys," Jimmy screamed.

*Le frère aîné jeta un coup d'œil par la fenêtre.
– On ferait mieux d'aller jouer au basket, dit-il. Il fait beau aujourd'hui.*

The oldest brother glanced out the window. "We better go play basketball," he said. "It's nice and sunny today."

Les deux frères lapins prirent un ballon et sortirent. Jimmy resta seul dans la chambre.

The two bunny brothers took a ball and went outside. Jimmy stayed in the room on his own.

– Ouais ! s'exclama-t-il. Maintenant tous les jouets sont pour moi !

"Yeah!" he exclaimed. "Now all the toys are for me!"

Il prit une grande boîte et l'ouvrit gaiement. À l'intérieur il trouva un circuit de chemin de fer et un nouveau train coloré. Il devait juste assembler les rails.

He took a large box and opened it happily. Inside he found a rail trail and a new colorful train. He just needed to put the rail trail together.

– Oh, ces pièces sont trop petites ! dit-il, en tenant les morceaux du chemin de fer. Comment dois-je les relier ensemble ?

"Oh, these pieces are too small!" he said, holding the rail trail parts. "How should I connect them together?"

Tant bien que mal, il construit le chemin de fer, mais il était tordu. Quand il démarra finalement le nouveau train coloré, celui-ci resta coincé sur les rails.

Somehow he built the rail line, but it came out crooked. When he finally turned on his new colorful train, it got stuck on the track.

Jimmy regarda autour de lui et repéra une autre boîte.

Jimmy looked around and spotted another box.

– Pas de souci. J'ai plein d'autres nouveaux jouets, dit-il en prenant un autre cadeau.
À l'intérieur il y avait des figurines de super-héros.

"No worries. I have more new toys," he said and took another present. Inside there were superhero toys.

– Waouh ! s'exclama Jimmy.
Il se mit à courir dans toute la chambre en tenant les super-héros dans ses mains.

"Wow!" exclaimed Jimmy. He started to run around the room with new superhero toys in his hands.

Bientôt, il s'en lassa et s'ennuya ferme. Il essaya tout. Il joua avec son ours en peluche favori, et ouvrit même tous ses cadeaux, mais ça n'était pas du tout amusant.

Soon he became tired and bored. He tried everything. He played with his favorite teddy bear and he even opened all his presents, but it was not fun at all.

Jimmy regarda par la fenêtre et vit ses frères qui jouaient avec entrain au basket. Le soleil brillait fort, ils rigolaient et s'amusaient bien.

Jimmy watched through the window and saw his brothers playing cheerfully with their basketball. The sun was shining brightly, and they were laughing and enjoying themselves.

– Comment peuvent-ils autant s'amuser ? Ils ont seulement un ballon de basket ! dit Jimmy. Tous les autres jouets sont ici avec moi.

"How are they having so much fun? They only have one basketball!" said Jimmy. "All the other toys are here with me."

Puis il entendit une drôle de voix.

Then he heard a strange voice.

– Ils PARTAGENT, dit-elle.

"They SHARE," it said.

Jimmy regarda dans sa chambre, en fixant son lit où son ours en peluche était assis. La voix venait d'ici.
Jimmy looked around the room, staring at his bed where his teddy bear sat. The voice came from *there*.

– Quoi ? murmura-t-il.
"What?" he whispered.

– Ils partagent, répéta son ours en peluche avec un sourire.
"They share," repeated his teddy bear with a smile.

Jimmy le regarda stupéfait. Il n'avait jamais imaginé que partager pouvait être amusant.
Jimmy looked at him amazed. He never thought that sharing could be fun.

Jimmy secoua sa tête.
– Non... Je n'aime pas partager. J'adore mes jouets.
Jimmy shook his head. "No...I don't like to share. I love my toys."

– Essaie, insista l'ours en peluche. Essaie juste.

"Try it," insisted his teddy bear. "Just try it."

Puis le temps changea. Des nuages sombres couvrirent le ciel et de grosses gouttes de pluie commencèrent à tomber sur le sol.

Meanwhile the weather changed. Dark clouds covered the sky and large raindrops started falling to the ground.

En rigolant, les deux frères lapins coururent à la maison.

Laughing, the two bunny brothers ran into the house.

– Oh, vous êtes trempés, dit maman. Allez vous changer et je vous ferai un chocolat chaud.

"Oh, you're all wet," said Mom. "Go change your clothes and I'll make you hot chocolate."

– Viens, Jimmy, veux-tu aussi un chocolat chaud ? demanda-t-elle.
Jimmy hocha la tête.

"Come, Jimmy, do you want hot chocolate too?" she asked. Jimmy nodded.

Maman ouvrit le frigo pour prendre le lait.
– Regarde, il reste une petite part de ton gâteau d'anniversaire.

Mom opened the fridge to grab the milk. "Look, there's a small piece of your birthday cake left," she said.

Jimmy se leva d'un bond.
– Ouais, puis-je l'avoir ? Il était si savoureux !

Jimmy jumped to his feet. "Yeah, can I have it? It was so tasty!"

À ce moment, ses frères entrèrent dans la cuisine.
At that moment, his brothers entered the kitchen.

– Tu as dit gâteau ? demanda le frère cadet.
"Did you say cake?" asked the middle brother.

– J'en voudrais une part, ajouta l'aîné.
"I'd like a piece," added the oldest brother.

Leur père les suivit.
– Est-ce un… gâteau d'anniversaire ?
Their father followed them. "Is this a…birthday cake?"

Maman sourit tendrement.
– Ah… En fait il ne reste qu'une toute petite part. Et nous sommes cinq.
Mom smiled softly. "Ahh…there is actually a tiny little piece left. And there are five of us."

Jimmy regarda sa famille aimante et sentit une sensation chaleureuse se propager depuis son cœur. Il sut ce qu'il devait faire et c'était si bon.

Jimmy looked at his loving family and felt a warm feeling spread from his heart. He knew what he needed to do and it felt so good.

– On peut partager, dit-il. Coupons-le en cinq parts.

"We can share," he said. "Let's cut it into five pieces."

Tous les membres de la famille lapin hochèrent la tête. Puis ils s'assirent autour de la table et tout le monde savoura un morceau du gâteau d'anniversaire et un peu de chocolat chaud.

All the members of the bunny family nodded their heads. Then they sat around the table and everyone enjoyed a piece of birthday cake and a hot chocolate.

Jimmy jeta un coup d'œil à leurs visages souriants et pensa : partager peut en fait être très sympa après tout.

Jimmy glanced at their smiling faces and thought, Sharing can actually feel very nice after all.

Quand ils finirent, maman s'approcha de Jimmy et lui fit un énorme câlin.
– Joyeux anniversaire, mon chéri, dit-elle.

When they finished, Mom came to Jimmy and gave him a huge hug. "Happy birthday, honey," she said.

Les deux plus grands frères et leur père se rassemblèrent autour d'eux et partagèrent le câlin familial.
The two older brothers and their dad gathered around them and shared the family hug.

– Joyeux anniversaire, Jimmy, crièrent-ils ensemble.
"Happy birthday, Jimmy," they screamed together.

Jimmy sourit.
– Voulez-vous jouer avec mes jouets ? demanda-t-il à ses frères. J'ai un nouveau train et de nouveaux super-héros.

Jimmy smiled. "Do you want to play with my toys?" he asked his brothers. "I have a new train and new superheroes."

– *Ouais ! Allons jouer ! crièrent les frères lapins.*
"Yeah! Let's play!" shouted the bunny brothers.

Ensemble Jimmy et ses frères construisirent un chemin de fer parfait. Le train siffla et roula rapidement sur le circuit.
Together Jimmy and his brothers built a perfect rail trail. The train whistled and ran fast around the track.

Ensuite ils ouvrirent les cadeaux et jouèrent avec tous leurs jouets.
Then they opened the presents and played with all their toys.

*À partir de cet instant, Jimmy adora partager.
Il disait même que partager était amusant !*

From then on, Jimmy loved to share. He even said that sharing is fun!

www.ingramcontent.com/pod-product-compliance
Lightning Source LLC
Chambersburg PA
CBHW061138070526
44584CB00033B/4353